AF269570

El liberalismo del miedo

Títulos de la colección Pensamiento Herder

Fina Birulés Una herencia sin testamento: Hannah Arendt
Claude Lefort El arte de escribir y lo político
Helena Béjar Identidades inciertas: Zygmunt Bauman
Javier Echeverría Ciencia del bien y el mal
Antonio Valdecantos La moral como anomalía
Antonio Campillo El concepto de lo político en la sociedad global
Simona Forti El totalitarismo: trayectoria de una idea límite
Nancy Fraser Escalas de justicia
Roberto Esposito Comunidad, inmunidad y biopolítica
Fernando Broncano La melancolía del ciborg
Carlos Pereda Sobre la confianza
Richard Bernstein Filosofía y democracia: John Dewey
Amelia Valcárcel La memoria y el perdón
Judith Shklar Los rostros de la injusticia
Victoria Camps El gobierno de las emociones
Manuel Cruz (ed.) Las personas del verbo (filosófico)
Jacques Rancière El tiempo de la igualdad
Gianni Vattimo Vocación y responsabilidad del filósofo
Martha C. Nussbaum Las mujeres y el desarrollo humano
Byung-Chul Han La sociedad del cansancio
F. Birulés, A. Gómez Ramos, C. Roldán (eds.) Vivir para pensar
Gianni Vattimo y Santiago Zabala Comunismo hermenéutico
Fernando Broncano Sujetos en la niebla
Gianni Vattimo De la realidad
Byung-Chul Han La sociedad de la transparencia
Alessandro Ferrara El horizonte democrático
Byung-Chul Han La agonía del Eros
Antonio Valdecantos El saldo del espíritu
Byung-Chul Han En el enjambre
Byung-Chul Han Psicopolítica
Remo Bodei Imaginar otras vidas
Wendy Brown Estados amurallados, soberanía en declive
Slavoj Žižek Islam y modernidad
Luis Sáez Rueda El ocaso de Occidente
Byung-Chul Han El aroma del tiempo
Antonio Campillo Tierra de nadie
Byung-Chul Han La salvación de lo bello
Remo Bodei Generaciones
Byung-Chul Han Topología de la violencia
Antonio Valdecantos Teoría del súbdito
Javier Sádaba La religión al descubierto
Manuel Cruz Ser sin tiempo
Byung-Chul Han Sobre el poder
Cass R. Sunstein Paternalismo libertario
Byung-Chul Han La expulsión de lo distinto
Maurizio Ferraris Movilización total
Étienne Balibar La igualibertad
Miranda Fricker Injusticia epistémica

Judith Shklar

El liberalismo del miedo

Prólogo de
Axel Honneth

Traducción de
Alberto Ciria
Ricardo García Pérez

Herder

Título original: The Liberalism of Fear
Traducción: del prólogo de Axel Honneth, Alberto Ciria; del texto de Judith
    Shklar, Ricardo García Pérez
Diseño de la cubierta: Purpleprint creative

© 2014, Axel Honneth, «Die Historizität von Furcht und Verletzung.
Sozialdemokratische Züge im Denken von Judith Shklar», en *Vivisektionen
eines Zeitalters. Porträts zur Ideengeschichte des 20. Jahrhunderts*, pp. 247-261.
Suhrkamp Verlag, Berlín.

© 1989, «The Liberalism of Fear», en Judith N. Shklar, *Liberalism and the
Moral Life*, editado por Nancy L. Rosenblum, Cambridge (MA), Harvard
University Press. The President and Fellows of Harvard College.

© 2018, Herder Editorial, S.L., Barcelona.

ISBN: 978-84-254-3947-6

Imprenta: Liberdúplex
Depósito legal: B-2028-2018

Printed in Spain – Impreso en España

Herder
www.herdereditorial.com

Índice

Prólogo

Este texto forma parte del libro de Axel Honneth, *Vivisektionen eines Zeitalters. Porträts zur Ideengeschichte des 20. Jahrhunderts*, Frankfurt del Meno, Berlín, Suhrkamp, 2014, pp. 247-261.

La historicidad del miedo y la vulneración. Rasgos socialdemócratas en el pensamiento de Judith Shklar

Aunque en los Estados Unidos y en Inglaterra a Judith Shklar se la sitúa ahora al mismo nivel que a su gran contrincante Hannah Arendt, en el mundo de habla alemana, y también en el hispanohablante, sigue siendo hoy prácticamente una desconocida.[1] Cuando se habla de la idea del «liberalismo político», todavía se sigue pensando sobre todo en el proyecto de John Rawls en el campo de la teoría de la justicia o en el republicanismo liberal de Hannah Arendt. Solo rara vez se tiene en cuenta que para la fun-

---

1. Hasta ahora se han publicado en castellano las siguientes obras de Judith Shklar: *Vicios ordinarios*, México, FCE, 1990 (original inglés: *Ordinary Vices*, Cambridge [MA], Harvard University Press, 1985) y *Los rostros de la injusticia*, Barcelona, Herder, 2010 (original inglés: *The Faces of Injustice*, New Haven/Londres, Yale University Press, 1990).

damentación del liberalismo hay una serie de alternativas adicionales que parten de premisas totalmente distintas. Si echamos un vistazo a los textos más relevantes de Judith Shklar, y en primer lugar al ensayo que aquí presentamos sobre *El liberalismo del miedo*,[2] enseguida queda claro que en su obra se recorre un camino alternativo para fundamentar el liberalismo: de forma totalmente contraria a Rawls o a Arendt, la superioridad ética del liberalismo frente a otras nociones políticas de orden, según Shklar, debe resultar única y exclusivamente de que, gracias a sus mecanismos institucionales, sea capaz de evitar las peores vulneraciones que en cada caso se podrían infligir históricamente al hombre. La clave para comprender la obra de Judith Shklar se encierra en esta fundamentación del liberalismo político a partir del principio negativo de que a lo que hay que aspirar no es a establecer situaciones deseables, sino a impedir situaciones condenables.[3] En un país cuya historia reciente ha estado marcada, más que la de

2. Judith Shklar, «The Liberalism of Fear», en Nancy L. Rosenblum (ed.), *Liberalism and the Moral Life*, Cambridge (MA), Harvard University Press, 1989.

3. Sobre este motivo negativo en la teoría política cf. Jonathan Allen, «The place of negative morality in political theory», en *Political Theory* 29/3 (2001), pp. 337-363.

ningún otro, por la crueldad política y por el terror estatal, esto debería suscitar un interés máximo.

La comparación entre las filosofías políticas de Judith Shklar y Hannah Arendt resulta obvia, ya solo por el hecho de que ambas mujeres crecieron, con una separación temporal de veinte años, en ciudades importantes del Báltico —la primera en Königsberg, la segunda en Riga—, para luego acabar triunfando como científicas en el sistema académico de los Estados Unidos. Tanto en las coincidencias como en las desavenencias, en las obras de ambas teóricas se reflejan unas experiencias políticas que resultaron inevitables cuando el destino judío de la expulsión forzada y del exilio repercutió con tamaña contundencia en sus respectivas biografías.[4] Las afinidades se evidencian del modo más palmario ahí donde la marginalidad en el sistema científico académico, de la que nunca se libraron, animó a estas dos mujeres de tanto talento a desarrollar estilos literarios y modelos de fundamentación que no se ajustaban al canon de la filosofía política que en aquella época estaba vi-

4. He hecho una primera comparación de estas dos teóricas en «Flucht in die Peripherie. Judith Shklars Rezension von Hannah Arendts "Between Past and Present"», en *Deutsche Zeitschrift für Philosophie* 55 (2008) 6, pp. 26-30.

gente. En sus tratados de filosofía política, tanto Hannah Arendt como Judith Shklar siempre demuestran ser grandes narradoras, a menudo prueban sus argumentos con minuciosas descripciones de procesos históricos y no se arredran ni siquiera a la hora de aludir en contextos normativos a la función de los rasgos caracterológicos personales, de las virtudes y los vicios individuales. Ciertamente, esta forma narrativa de sus textos —basta con pensar en *Los orígenes del totalitarismo* de Arendt o en *Los rostros de la injusticia* de Shklar—[5] es en ambas autoras mucho más que mera expresión de un afán de autonomía estilística o de independencia en su disciplina. Aunque ahí también se puedan encontrar elementos de un estilo específicamente femenino, tal como Julia Kristeva ha supuesto de Hannah Arendt,[6] en su estilo teórico cabe ver sobre todo la manifestación de una concepción que ambas comparten de lo político, y por tanto también de la tarea de una filosofía política. A ambas les resultaba igualmente ajena la

5. Es sobre todo Martha Nussbaum quien ha señalado la estructura narrativa de este libro en su artículo «The Misfortune Teller», en *The New Republic* (noviembre de 1990), pp. 30-35.

6. Julia Kristeva, *Das weibliche Genie Hannah Arendt*, Hamburgo, Europäische Verlagsanstalt, 2008, sobre todo pp. 28 ss. [trad. cast.: *El genio femenino. Hannah Arendt*, Buenos Aires, Paidós, 2000].

idea de obtener enunciados normativos sobre los requisitos del actuar político deduciéndolos de principios supremos. En lugar de eso, empezando por abajo, desde una cautelosa generalización de casos singulares paradigmáticos y de circunstancias típicas, se debería abrir camino hasta unas definiciones que luego se pudieran demostrar como base sustentante de una teoría normativa. Toda la admiración que ambas teóricas profesaban por la historiografía antigua, los moralistas franceses y la novelística moderna se nutría de esta previa decisión metódica a favor del raciocinio y el discernimiento. Aunque en ocasiones Judith Shklar tributó un gran respeto a los esfuerzos filosóficos de John Rawls, sin embargo estaba de acuerdo con Hannah Arendt en que las declaraciones generales solo se pueden obtener legítimamente destilando afinidades del máximo número posible de casos singulares.

Se podrá especular sobre si los recelos que ahí se van perfilando hacia procedimientos deductivos, hacia esbozos de sistemas de filosofía política y hacia un pensamiento regido por principios procedían de la experiencia biográfica de tener que meterse una y otra vez en nuevos contextos y perspectivas culturales. En todo caso, tanto en Hannah Arendt como en Judith

Shklar la experiencia del desarraigo podría haber contribuido a mirar con escepticismo unos planteamientos que deducen precipitadamente de lo universal lo particular sin tener en cuenta circunstancias locales e históricas. Incluso la propensión de ambas autoras a poner constantemente de relieve, al hacer el análisis de las acciones políticas, el valor de las virtudes o los vicios individuales podría tener sus raíces en esta afinidad biográfica. Quien ha tenido que experimentar en sus propias carnes cuán importante resulta, en la lucha contra las amenazas totalitarias y la persecución estatal, que algunos individuos tengan la resolución moral y el coraje para oponer resistencia, probablemente ya no perderá de vista en toda su vida la relevancia política de los rasgos caracterológicos individuales. Uno de los libros más impresionantes de Judith Shklar, su recopilación de ensayos *Vicios ordinarios*,[7] nació gracias a que la autora comprendió que una comunidad liberal está expuesta a una amenaza interna por el hecho de que pueden prosperar en ella vicios totalmente habituales como el clasismo y el esnobismo. Y en ninguna otra parte viene a evidenciarse con ma-

7. Judith Shklar, *Ordinary Vices*, Cambridge (MA), Harvard University Press, 1984 [trad. cast.: *Vicios ordinarios*, México, FCE, 1990].

yor claridad su afinidad intelectual con Hannah Arendt que en estos magistrales estudios caracterológicos, en los que, siguiendo ejemplos sacados de novelas clásicas que van desde Dickens hasta Faulkner pasando por Jane Austen, se investiga dónde discurre exactamente la línea fronteriza entre rasgos de personalidad meramente desagradables y comportamientos democráticamente dañinos.

Sin embargo, con esto se acaban ya las afinidades entre los textos de ambas filósofas políticas. Tales afinidades corresponden más bien al ámbito del estilo argumentativo y de ciertos focos de interés, y no afectan tanto al núcleo sustancial de las teorías respectivas. Las diferencias —por empezar también aquí con rasgos más bien externos, en cierto modo fisionómicos, de las obras respectivas— comienzan con que en Judith Shklar no hay la menor propensión a hacer especulaciones sobre diagnósticos de la época ni sobre filosofía de la historia. Mientras que en casi todos los escritos de Hannah Arendt encontramos la tendencia a analizar los problemas políticos del siglo XX en el horizonte de unos desarrollos intelectuales que afectan a la historia universal, en la otra autora, que era veintidós años menor, predomina el tono austero de una historia política de las ideas en la que no tienen ninguna relevancia las cuestiones más esenciales del autoconocimiento humano. Esta diferencia en el nivel metafísico de ambas teorías no se puede explicar diciendo simplemente que, como Hannah Arendt había estudiado filosofía en Marburgo, Friburgo y Heidelberg, estaba todavía en condiciones de aprender la tradición alemana del pensamiento especulativo y de trabajar a fondo sobre ella. Aunque Judith Shklar no estudió en Alemania —¿pero qué persona de su generación y de su procedencia hubiera aspirado a hacerlo en los años cincuenta del siglo xx?—, durante sus años de aprendizaje en los Estados Unidos también ella entró lo bastante en contacto con suficientes elementos de la filosofía clásica alemana como para poder redactar después un brillante estudio sobre el contenido político de la *Fenomenología del espíritu* de Hegel,[8] y como para además familiarizarse del modo más minucioso con el desarrollo especulativo desde Nietzsche hasta Max Weber. Así que no fueron diferencias en el nivel de conocimiento ni en el horizonte de formación las que hicieron que ambas pensadoras desarrollaran temperamentos tan dispares a la hora de sol-

8. Judith Shklar, *Freedom and Independence. A Study of the Political Ideas of Hegel's «Phenomenology of Mind»*, Cambridge, Cambridge University Press, 1976.

ventar los retos filosóficos y políticos. Una relevancia determinante debió de tener más bien la circunstancia de que Hannah Arendt pasara sus años de formación en universidades en las que los grandes gestos de la averiguación de la verdad y de la especulación se encuadraban íntegramente en el estilo especulativo elitista de una aristocracia intelectual. En tal medida, y por mucho que ella dispusiera de un refrescante y franco realismo, a la mayor de estas filósofas siempre le resultó del todo obvia una cierta propensión a que la teoría política estuviera cargada de filosofía de la historia. Por el contrario, la más joven consideraba que estas tendencias a la sublimación especulativa eran desatinadas, e incluso que no dejaban de ser peligrosas: después de todo, había crecido en el clima sobrio y analítico de las universidades inglesas y norteamericanas, en las que declaraciones sobre la «alienación del mundo» y la «pérdida de sentido» se consideraban bobadas metafísicas.[9] Por tanto, con Judith Shklar nos hallamos ante el raro caso de una filósofa política que trata de hacer

9. Cf. Judith Shklar, «Antike und Moderne. Rezension zu Hannah Arendts "Between Past and Present"», en *Deutsche Zeitschrift für Philosophie* 56/6 (2008), pp. 976-981 [primera publicación, sin título, en *History and Theory* 2/3 (1963), pp. 286-292].

fecunda la herencia —con la que ella estaba íntimamente familiarizada— de la Antigüedad griega y de la Ilustración idealista para una teoría de la política que, de forma perceptible y evidente, está acuñada por el espíritu anglosajón de un empirismo escéptico.

Pues bien, estas diferencias en los tipos de teoría se reflejan también en el núcleo sustancial de las doctrinas políticas que ambas autoras desarrollaron en el curso de sus vidas. Sin duda hay que considerar a Hannah Arendt y a Judith Shklar brillantes defensoras del liberalismo político, pero sus respectivos liberalismos no podrían ser de tipos más dispares. Si para Arendt la legitimación de un orden estatal liberal resulta de la exigencia de proporcionar un ámbito protegido y amparado jurídicamente a la estructura comunicativa de toda praxis política con la esfera pública, en su fundamentación Shklar parte del polo diametralmente opuesto de los sentimientos humanos: no del afán de libertad pública, sino del miedo a la crueldad y a las causas del sufrimiento. Si se quisiera reducir a un común denominador las diferencias entre ambos modos de fundamentar, quizá se podría decir que en Hannah Arendt el liberalismo se justifica alegando su capacidad para asegurar institucionalmente la formación de una opinión colectiva y la configuración de una voluntad común, mientras que en Judith Shklar se alega la capacidad que el liberalismo tiene de evitar, por medio de las instituciones, la arbitrariedad política y el miedo individual. También aquí resulta obvio conjeturar una estrecha conexión entre las respectivas intuiciones de las que ambas autoras parten y sus experiencias biográficas de fondo: si en el compromiso de Arendt con un republicanismo liberal se nota mucho el anhelo de la exilada judía de poder decidir finalmente por sí misma el destino político personal en conformidad con quienes tienen la misma mentalidad, en la defensa que Shklar hace de un orden estatal liberal lo que repercute es el reverso oscuro del afán de libertad de los expulsados, el miedo permanente a la persecución estatal y al terror político. Pero tan pronto como se examina más de cerca el núcleo de su teoría política, no resulta difícil darse cuenta de que las cosas son de otro modo, que la fundamentación que Shklar hace del liberalismo no es mera expresión de la necesidad de seguridad de una emigrante, por lo que los intentos de ajustar su teoría a los factores biográficos no van más allá de esto.

En los textos de Shklar reaparece constantemente la observación histórica en la que ella establece las raíces de su propia genealogía del liberalismo y con cuya ayuda trata de caracterizar la pretensión original de esta doctrina económica: la doctrina liberal, según la cual el poder de las instancias estatales y paraestatales tiene que restringirse en favor de la libertad y la seguridad individuales de todos los ciudadanos, surgió como reacción a las crueldades que durante las guerras de religión en los siglos XVI y XVII devastaron prácticamente toda Europa.[10] Por eso, lo que constituía la intención original de esta nueva idea política no era la creación de los prerrequisitos institucionales para un intercambio de mercancías libre y sin trabas, ni tampoco era el establecimiento de las condiciones para que se configure una voluntad común, sino impedir y eliminar, en la medida de lo posible, una violencia bajo cuya aplicación arbitraria e incontrolada hubo de padecer amargamente día tras día una población empobrecida. Ya la situación que dio origen a la fundación de tal doctrina, y que queda perfilada así, se describe siempre en los textos de Shklar de manera que no puede quedar ninguna duda acerca de cuál es la perspectiva que hay que asumir aquí para que el liberalismo se presente como un logro ético y político de una relevancia suprema: no

10. Judith Shklar, *Ordinary Vices*, *op. cit.*, p. 5.

es el punto de vista de los gobernantes, sino el de «la gente insignificante», como se la llamaba antes, es decir, el de los jornaleros, los pequeños campesinos y las capas errantes, el que se asume en las descripciones de las guerras de religión para fundamentar dónde hay que buscar antes que nada el valor de la doctrina liberal. La idea política que Judith Shklar trata de esbozar en su reubicación histórica es un liberalismo «desde abajo». Tal como George Kateb ha dicho con razón,[11] se basa en una psicología moral que tiene que indagar, con los medios fenomenológicos de la historiografía y de la novelística, en qué consiste el sufrimiento de aquellos que hasta ahora solamente han quedado expuestos sin amparo a los procesos históricos.

La psicología moral, sobre cuya base Judith Shklar desarrolla su liberalismo, se centra en ese análisis de las sensaciones con el que los perdedores de la historia reaccionan a la experiencia de sometimiento y de impotencia política. Bajo estas condiciones, los sentimientos y emociones que predominan son, según la concepción de Shklar, primeramente el miedo a la crueldad, el temor a caer en la miseria social y el puro ho-

11. George Kateb, prólogo a Judith Shklar, *Political Thought and Political Thinkers*, Chicago/Londres, University of Chicago Press, 1998, p. xi.

rror a encontrarse desamparado. En su filosofía de la historia, Kant describió con palabras similares por qué un observador, si escucha atentamente, todo lo que puede percibir del anterior curso de la historia no es más que un «gemido» de la humanidad.[12] Walter Benjamin, que durante un tiempo compartió el destino de Hannah Arendt, decía que todo suceso histórico del pasado solo puede contemplarse con «horror».[13] Si no nos dejamos seducir por descripciones idealizadoras —esto es lo que también viene a decirnos Judith Shklar—, entonces enseguida nos resultará claro que la situación de la humanidad en el curso histórico ha estado marcada, antes que nada y sobre todo, por el miedo y el temor a ser víctima de crueldades, de la expoliación y del sometimiento bajo los gobernantes correspondientes. Por eso, en opinión de Shklar, aquella teoría política que se haya propuesto la tarea de esbozar normativamente un modelo del orden estatal que obedezca al interés gene-

12. Immanuel Kant, «Beantwortung der Frage: Was ist Aufklärung?», en *Gesammelte Werke*, Frankfurt del Meno, Suhrkamp, 1964, vol. 11, p. 58 [trad. cast.: *¿Qué es la Ilustración?*, Madrid, Alianza, 2013].

13. Walter Benjamin, «Über den Begriff der Geschichte», en *Gesammelte Schriften*, vol. 1.2, Frankfurt del Meno, Suhrkamp, 1974, p. 696 [trad. cast.: «Sobre el concepto de historia», en *Obras completas*, vol. 1.2, Madrid, Abada, 2008].

ralizable de todos los hombres tendrá que estar hecha a la medida de estas reacciones emocionales. Por el contrario, cualquier otro procedimiento, por ejemplo tomar como punto de partida las necesidades de orden superior de alcanzar honores sociales o libertad política, equivaldría a la pretensión de anteponer los intereses de una minoría a los de la mayoría sufriente e indigente. Mientras las causas políticas o sociales del miedo y el temor no se hayan eliminado por completo, en opinión de Judith Shklar, no hay motivos para romperse la cabeza pensando en modelos más exigentes del orden político. La tarea primera y más preferente de la teoría política es, más bien, ponerse en la correspondiente perspectiva de los perdedores históricos para evitar lo que desde su punto de vista resulta peor y más amenazador.

Pero ahora ocurre que tales instrucciones teóricas suscitan fácilmente la sospecha de que, aquí, alguien está buscando un «minimalismo moral» que solo se contente con asegurar el mantenimiento económico y la protección constitucional. Y de hecho, algunas formulaciones de Judith Shklar podrían suscitar la impresión de que, con la defensa de los principios liberales de la constitucionalidad y la división de poderes, lo único que le importa es garantizarles a todas las ciudadanas y todos los ciudadanos la protección frente al arbitrio estatal y la tiranía. Pero uno comprende que eso supondría un error cuando acaba viendo claramente que la psicología moral de Shklar encierra una dimensión histórica que no cabe obviar. Aquello en torno a lo cual giran los miedos y temores respectivos de los peor parados y los perdedores va cambiando con el desarrollo histórico, y por eso se mide en cada caso en función de cuáles son las expectativas legítimas de protección y seguridad que se han establecido ya institucionalmente en un nivel civilizatorio. En cierta manera, la teoría política —así se podría describir también el propósito de esta historización— tiene que cerciorarse en primer lugar de los criterios internos de su objeto, es decir, de las normas e ideas de una comunidad que ya se han acreditado universalmente, antes de poder abordar en serio la tarea de ponerse en la perspectiva de los respectivos perdedores y clases amenazadas, pues lo que desde su punto de vista haya de considerarse un mal temible y un destino que les resulta inminente únicamente se puede mostrar desde aquellas expectativas y anhelos normativos de fondo que, a causa de las pretensiones que ya se han institucionalizado socialmente, ellos hayan podido desarrollar previamente de modo legítimo. Sobre todo en su estudio *American Citizenship*[14] Judith Shklar ha dejado claro que, de modo correspondiente, en función del grado de madurez que un sistema político ha alcanzado en moral social también tiene que aguzarse la percepción colectiva de lo que se puede vivenciar como socialmente amenazante, lesivo y atemorizante. En esa obra, surgida de las *Tanner Lectures* impartidas en 1989, ella emprende el fascinante intento de mostrar, a la luz de la comprensión compartida universalmente y practicada históricamente de las normas constitucionales norteamericanas, lo que entre tanto se puede considerar que conlleva legítimamente la posesión de la ciudadanía en los Estados Unidos. En este contexto resultará poco sorprendente que, recorriendo una serie de acerbas contiendas constitucionales, Shklar enseñe hasta qué punto la autoestima de los ciudadanos y las ciudadanas estadounidenses depende hoy en buena medida de gozar irrestrictamente del derecho al voto. Por eso, la preocupación por las condiciones sociales y económicas, que son las que permiten en general el ejercicio efectivo de tal derecho universal al voto, tiene que aparecer

14. Judith Shklar, *American Citizenship. The Quest for Inclusion*, Cambridge (MA), Harvard University Press, 1991.

a sus ojos como una fuente constante de miedo y desasosiego para grandes partes de la población. Pero para atenuar estos miedos difusos, tal como Shklar muestra dando un sorprendente giro a su análisis, resulta propicia una segunda norma de la Constitución estadounidense que entre tanto se ha asentado y acreditado y que, según la interpretación que hace Shklar, viene a decir que todos los ciudadanos y todas las ciudadanas estadounidenses, para que les resulte posible desempeñar su papel de ciudadanos, deben tener derecho al trabajo y a unos ingresos básicos correspondientes.[15]

En esta segunda parte de su estudio, que tiene el discreto título de «Earning» («Ingresos»), la Judith Shklar liberal se ha convertido de pronto en una socialdemócrata convencida. Como si fuera la cosa más obvia que la idea clásica de igualdad de derechos a la libertad hay que completarla con las garantías de una autonomía económica, ahora se dice que todos deben tener las mismas oportunidades para «salir adelante con su propio esfuerzo» y para «ganar el pan sin miedo ni favor».[16] Desde luego que el puente a su liberalismo heredado aquí lo constituye también

15. Judith Shklar, *American Citizenship*, *op. cit.*, parte II.
16. *Ibid.*, p. 67.

el concepto clave de Judith Shklar, que es el de *fear* o «miedo»: así como las normas constitucionales deben garantizar a cada miembro de la sociedad poder participar irrestrictamente en la autoadministración política ejerciendo su derecho al voto, así también el Estado elegido democráticamente debe encargarse de que nadie tenga que temer la pérdida de su puesto de trabajo ni de su independencia económica, porque verse libre de este miedo es parte constitutiva de aquel derecho original. En el lenguaje que Judith Shklar emplea, la formulación de la conexión que queda perfilada con ello dice que la república política no puede existir sin una «economía republicana», *«a republic economy»*.[17] Y aunque no resulte del todo claro cuánta intervención estatal en el mercado acabaría exigiendo de hecho tal economía, sin embargo queda completamente fuera de discusión que Shklar tiene aquí a la vista una forma económica altamente regulada desde el Estado de bienestar.

Sin duda, desde este punto se proyecta otra vez una nueva luz sobre la relación de Judith Shklar con Hannah Arendt, su gran precursora y compañera de destino. Aunque inicialmente podría parecer que guiarse por el miedo es un

17. Judith Shklar, *American Citizenship, op. cit.*, p. 67.

pésimo consejero, puesto que, después de todo, eso no permite más que una defensa mínima del liberalismo, sin embargo ahora se aprecia que eso encierra una luminosidad y una radicalidad mayores que si se parte del nivel superior de la aspiración humana a la deliberación pública. Ciertamente la fundamentación de su teoría en la praxis comunicativa del hombre, por cuanto que tal praxis constituye un fin en sí mismo, lleva a Hannah Arendt a afirmar inequívocamente desde el principio que la verdadera política solamente puede prosperar en una república liberal bajo las condiciones de una esfera pública que esté protegida constitucionalmente y que sea integradora en la medida de lo posible. Todas las aportaciones significativas que ella hizo para la reflexión sobre las amenazas actuales que para tal esfera pública representan el consumismo y la tecnocracia se deben a esta estricta orientación a la especial función antropológica del mutuo entendimiento y el acuerdo comunicativo y de la formación de una voluntad común. Pero fijarse exclusivamente en las necesidades y aspiraciones que con ello pasan a ocupar el centro también le impidió constantemente a Hannah Arendt ver que los hombres únicamente están capacitados para participar activamente en la deliberación pública si gozan de suficientes seguridades en el ámbito prepolítico de la supervivencia económica. Toda pregunta acerca de cuál es la forma económica que está en mayor consonancia con una república liberal le resultó ajena toda su vida, lo cual resulta desconcertante. Aquí, en este punto, se notan las ventajas de partir del polo opuesto de los sentimientos humanos: dentro de la teoría política, quien se atiene al miedo y a la vergüenza —que desde el punto de vista de los representantes clásicos son sin duda «móviles inferiores»— tendrá que ponerse forzosamente en una perspectiva en la que solucionar las puras necesidades vitales y posibilitar una elemental autoestima quedan en el foco como tareas apremiantes del actuar estatal. Indudablemente no sin una mirada crítica de soslayo a Hannah Arendt, en una frase de su estudio *American Citizenship* Judith Shklar dice: «Ciertamente, los filósofos de la Antigüedad consideraban que el trabajo productivo y comercial era tan profundamente degradante que inhabilitaba al hombre para obtener la ciudadanía».[18] Que bajo las condiciones de una sociedad laboral moderna eso ya no debe seguir siendo así, que aquí también a quienes dependen de un salario y a los económicamente indigentes, y a

18. Judith Shklar, *American Citizenship, op. cit.*, p. 68.

ellos más que a nadie, hay que darles las condiciones para que puedan ejercitar sus derechos ciudadanos es una de las consecuencias a las que llega Judith Shklar en el desarrollo de su «liberalismo del miedo»: en tiempos de crisis económica no es una de las peores doctrinas que se pueden obtener de los fondos de la tradición del liberalismo.

EL LIBERALISMO DEL MIEDO

Este texto fue publicado anteriormente en Nancy Rosenblum (ed.), *Liberalism and the Moral Life*, Cambridge (MA), Harvard University Press, 1989.

Antes de que podamos empezar a analizar alguna forma específica de liberalismo, debemos sin
duda establecer con la mayor claridad posible lo
que esta palabra significa, ya que en el transcur-
so de tantos años de conflicto ideológico parece
haber perdido por completo su identidad. El
abuso y las extralimitaciones la han vuelto tan
amorfa que en la actualidad puede operar como
una palabra susceptible de múltiples usos, ya sean
perversos o elogiosos. Para introducir un mo-
desto grado de orden en medio de la confusión
reinante podríamos comenzar insistiendo en
que el liberalismo alude a una doctrina política,
no a una filosofía de la vida, como tradicional-

* Quisiera dar las gracias a mi amigo George Kateb por sus
buenos consejos y su apoyo a la hora de escribir este texto.

mente han dado por supuesto diversas formas de religión revelada y otras *Weltanschauungen* omnicomprensivas. El liberalismo solo tiene un objetivo primordial: garantizar las condiciones políticas necesarias para el ejercicio de la libertad individual.

Toda persona adulta debería poder tomar sin miedo ni favor todas las decisiones efectivas posibles sobre todos los aspectos posibles de su vida, siempre que fuera compatible con idéntico ejercicio de libertad de cualquier otra persona adulta. En esa creencia reside el significado original y el único justificable del liberalismo. Es un concepto político, pues el miedo y el favor que siempre han inhibido el ejercicio de la libertad son aspectos generados de forma abrumadora por los gobiernos, ya sean formales o informales. Y aunque las fuentes de opresión social son ciertamente numerosas, ninguna tiene el letal efecto de aquellas que, como los agentes del Estado moderno, tienen a su disposición los recursos sin igual de la fuerza física y la persuasión.

Aparte de prohibir las interferencias con la libertad de los demás, el liberalismo no contiene ninguna doctrina positiva concreta acerca de cómo deben conducirse las personas en la vida, ni de qué decisiones personales deben tomar. No es, como afirman tantos de sus críticos, sinónimo

de modernidad. Tampoco es que el de modernidad sea un concepto histórico cristalino. Por lo
general, no alude simplemente a todo lo sucedido desde el Renacimiento, sino a una mezcla de
ciencia natural, tecnología, industrialización, escepticismo, pérdida de la ortodoxia religiosa,
desencanto, nihilismo e individualismo atomista.
La anterior dista mucho de ser una relación
completa, pero abarca los principales rasgos de
la modernidad tal como es percibida por quienes creen que esta palabra simboliza siglos de
desesperanza y que el liberalismo es su manifestación política más característica.

No es en modo alguno necesario enzarzarse
en disputas acerca de la superioridad de la historiografía o la validez fáctica de este tipo de
discurso en general, pero es preciso señalar al
menos un aspecto para el estudioso de la teoría
política. Se trata de que en los últimos doscien-
tos años aproximadamente, el liberalismo ha sido
muy raro tanto en la teoría como en la práctica,
sobre todo si recordamos que el entorno europeo no es la única región habitada del planeta.
Nadie podría haber calificado jamás a los gobiernos de Europa del Este de liberales en algún
momento, aunque tras la Primera Guerra Mundial unos cuantos de ellos realizaron durante un
breve tiempo un ineficaz esfuerzo en esa direc-

ción. En Europa Central solo se instituyó tras la Segunda Guerra Mundial y, después, fue impuesto por los vencedores en una guerra que olvidamos, pese a lo nocivo que es para nosotros mismos. Quien crea que, cualquiera que sea su apariencia, el fascismo está muerto y enterrado debe pensárselo dos veces antes de decirlo. En Francia, el liberalismo de las tres repúblicas fue intermitente y solo ahora está razonablemente asegurado, aunque se sigue viendo gravemente cuestionado. En Gran Bretaña ha disfrutado de su éxito político más prolongado, pero no en los vastos territorios que Inglaterra ha gobernado hasta hace poco, incluida Irlanda. Por último, no olvidemos que los Estados Unidos no fue un Estado liberal hasta después de la Guerra de Secesión, e incluso entonces a menudo de forma puramente nominal. En pocas palabras, hablar de una era liberal no es referirse a nada que haya existido realmente, salvo tal vez por contraste con lo sucedido a partir de 1914.

La situación del pensamiento político no ha sido más liberal que la de los gobiernos imperantes, sobre todo en los años posteriores a la Revolución francesa. Y no deberíamos olvidar la tradición republicana prerrevolucionaria profundamente liberal que John Pocock nos ha recordado con tanta contundencia. En todo caso, resulta difícil encontrar un gran flujo de ideología liberal en mitad del autoritarismo católico, la nostalgia corporativista romántica, el nacionalismo, el racismo, el respaldo del esclavismo, el darwinismo social, el imperialismo, el militarismo, el fascismo y la mayoría de las variedades de socialismo que presidieron la batalla de las ideas políticas en el siglo XIX. Durante todo ese periodo sí hubo una corriente de pensamiento liberal, pero apenas representaba la voz intelectual dominante. Al otro lado de las fronteras de Europa ni siquiera se oyó. En los Estados Unidos fue poderosa solo si no se contabiliza a las personas negras como miembros de esa sociedad.

Así pues, dada la manifiesta complejidad de la historia intelectual de los últimos siglos, ¿por qué se hacen tantas generalizaciones ramplonas acerca de la modernidad y su supuesto liberalismo? La razón es muy sencilla: el liberalismo es un recién llegado, ya que hunde sus raíces en la Europa posterior a la Reforma. Sus orígenes se encuentran en la terrible tensión sufrida en el seno del cristianismo entre las demandas de la ortodoxia de credo y las de la caridad, entre la fe y la moral. La crueldad de las guerras religiosas tuvo como consecuencia que muchos cristianos se apartaran de las políticas públicas de las Iglesias y recalaran en una moral que consideraba que la tolerancia era una manifestación de la caridad cristiana. Nos viene a la mente, por ejemplo, Sébastien Châteillon entre los calvinistas.[1] Otros, desgarrados por impulsos espirituales en conflicto, acabaron por ser escépticos; se convirtieron en unos escépticos que sitúan la crueldad y el fanatismo a la cabeza de los vicios humanos; Montaigne es el más destacado de ellos. En ambos casos se considera que se debe proteger de las incursiones de la opresión pública al individuo, ya sea el portador de una conciencia sagrada o la víctima potencial de la crueldad.

Más adelante, cuando el vínculo entre conciencia y Dios queda amputado, se sigue defendiendo la inviolabilidad de las decisiones personales en cuestiones de fe, conocimiento y moral sobre el fundamento original de que nos la debemos los unos a otros por respeto mutuo, de que una opinión forzada es en sí misma una opinión falsa y de que las amenazas y sobornos empleados para imponer la conformidad son intrínsecamente degradantes. Insistir en que los individuos de-

---

1. John W. Allen, *A History of Political Thought in the Sixteenth Century*, Londres, Methuen, 1941, pp. 89-97 y 370-377. Quentin Skinner, *The Foundations of Political Thought*, 2 vols., Cambridge, Cambridge University Press, 1978, vol. II, pp. 241-254 [trad. cast.: *Los fundamentos del pensamiento político moderno*, 2 vols., trad. de Juan José Utrilla, México, FCE, 2013].

ben tomar sus propias decisiones acerca de la cuestión más importante de su vida —sus creencias religiosas— sin interferencia de la autoridad pública supone ciertamente llegar muy lejos en dirección al liberalismo. A mi juicio, este es el núcleo de su desarrollo histórico, pero sería erróneo pensar que la tolerancia basada en principios equivale a liberalismo político. La reivindicación de la autonomía personal puede llevar implícito un gobierno limitado y responsable, pero el liberalismo sigue estando incompleto desde el punto de vista doctrinal si no hay un compromiso político explícito con este tipo de instituciones. Montaigne fue a ciencia cierta una persona tolerante y humanitaria, pero no era ningún liberal. La distancia que lo separaba de Locke es consecuentemente amplia. Sin embargo, el fundamento más profundo del liberalismo está en su sitio desde el principio en la convicción de los primeros defensores de la tolerancia, nacida del espanto, de que la crueldad es un mal absoluto, una ofensa contra Dios o contra la humanidad. Es de esa tradición de la que surgió el liberalismo político del miedo y por la que continúa revistiendo relevancia en medio del terror de nuestro tiempo.[2]

2. Véase Judith Shklar, *Ordinary Vices*, Cambridge (MA), Harvard University Press, 1984 [trad. cast.: *Vicios ordinarios*, México, FCE, 1990].

Hay, por supuesto, muchos tipos de liberalismo que siguen comprometidos con la primacía de la conciencia, ya sea en su versión protestante o en su versión kantiana. Tenemos el liberalismo jeffersoniano de los derechos, que se basa en otros fundamentos; y la búsqueda emersoniana del desarrollo personal cuenta con su propia expresión política liberal. El liberalismo no tiene que depender por principios de sistemas de pensamiento religiosos o filosóficos específicos. No tiene por qué escoger entre ellos siempre que no rechacen la tolerancia, que es la razón por la que Hobbes no es el padre del liberalismo. Ninguna teoría que conceda a las autoridades públicas el derecho incondicional de imponer a la ciudadanía las creencias o, incluso, el vocabulario que consideren más ajustados puede ser calificada siquiera remotamente de liberal. De todas las acusaciones formuladas contra el liberalismo, la más estrambótica es la de que, en realidad, los liberales son indiferentes a la libertad individual, cuando no abiertamente hostiles hacia ella. Así puede desprenderse de la peculiar identificación del *Leviatán* como arquetipo mismo de la filosofía liberal, pero se trata de una tergiversación auténticamente burda que, sencillamente, asegura que toda teoría del contrato social, por autoritarias que sean sus intenciones, y toda polémica anticatólica conducen al liberalismo.[3]

La enrevesada genealogía del liberalismo que insiste en ver sus orígenes en una teoría del absolutismo no es interesante en sí misma. Más corriente es una especie de libre asociación de ideas que percibe en la tolerancia un peligro para la religión revelada tradicional y, por tanto, presupone que el liberalismo es necesariamente ateo, agnóstico, relativista y nihilista. Vale la pena mencionar este catálogo de acusaciones porque constituyen un lugar común y porque se pueden refutar fácil y provechosamente. El error original se encuentra en la incapacidad de distinguir las afinidades psicológicas de las consecuencias lógicas. Por tanto, estos críticos no logran comprender que el liberalismo del miedo

3. Véase, por ejemplo, Laurence Berns, «Thomas Hobbes», en Leo Strauss y Joseph Cropsey (eds.), *A History of Political Philosophy,* Chicago, Rand McNally, 1972, pp. 379-394 [trad. cast.: *Historia de la filosofía política*, México, FCE, 1996]. Crawford B. Macpherson, *The Political Theory of Possessive Individualism*, Oxford, Clarendon, 1962 [trad. cast.: *La teoría política del individualismo posesivo: de Hobbes a Locke*, trad. de Juan-Ramón Capella, Madrid, Trotta, 2005]. Estas interpretaciones dependen de considerar que Locke es muy similar a Hobbes, como hizo Leo Strauss en *Natural Right and History*, Chicago, University of Chicago Press, 1953, pp. 202-251 [trad. cast.: *Derecho natural e historia*, trad. de Luciano Nosetto, supervisión de Dolores Amat, Buenos Aires, Prometeo, 2014].

como teoría estrictamente política no está necesariamente vinculado con ninguna doctrina religiosa o científica, aunque desde el punto de vista psicológico sea más compatible con unas que con otras. Debe rechazar solamente las doctrinas políticas que no reconozcan ninguna diferencia entre las esferas de lo público y lo privado. Debido a la primacía de la tolerancia como límite insoslayable de los agentes públicos, los liberales siempre deben trazar una línea semejante. Este no es históricamente un límite permanente o inalterable, pero sí requiere que toda política pública se contemple teniendo en mente esta separación y se defienda conscientemente reivindicando que cumple su norma vigente más rigurosa.

Lo importante para el liberalismo no es tanto dónde se traza esa línea como que se trace, y que no se debe ignorar u olvidar bajo ninguna circunstancia. Los límites de la coerción empiezan, aunque no terminan, con la prohibición de la invasión del ámbito privado, que originalmente afectaba a la fe religiosa; pero los objetos de la creencia han cambiado y seguirán cambiando y la idea de privacidad se altera en respuesta al carácter tecnológico y militar de los gobiernos y a las relaciones productivas prevalecientes. Es una línea cambiante, pero no se puede borrar y deja a los liberales mucho margen para apoyar un abanico muy amplio de creencias filosóficas y religiosas.

Así pues, el liberalismo del miedo no está ligado necesariamente al escepticismo, ni a la actividad de las ciencias naturales. Sin embargo, existe una conexión psicológica real entre ambos. El escepticismo es proclive a la tolerancia, puesto que sus dudas le impiden escoger entre el enjambre de creencias en conflicto que revolotea a su alrededor, muchas veces con furia asesina. Si una persona escéptica busca la tranquilidad personal en el retiro o trata de aplacar las facciones enfrentadas que la rodean, debe preferir un gobierno que no haga nada por incrementar los niveles de fanatismo y dogmatismo predominantes. En esa medida existe una afinidad natural entre el liberal y el escéptico. El análisis que hace Madison en *El federalista* acerca de cómo poner fin mediante la libertad a los conflictos sectarios y demás enfrentamientos entre facciones es el ejemplo perfecto de la adecuación entre escepticismo y política liberal.[4] Sin embargo, aunque no sea lo habitual, pode-

4. Alexander Hamilton *et al.*, *The Federalist Papers*, ed. de Clinton Rossiter, Nueva York, New American Library, 1961, n.ᵒˢ 10 y 51 [trad. cast.: *El federalista*, trad. y notas de Daniel Blanch y Ramón Máiz, Madrid, Akal, 2015].

mos imaginar una sociedad de creyentes que decidiera no recurrir nunca al uso de agencias de gobierno para promover su fe concreta.

La flexibilidad intelectual del escepticismo está mejor adaptada psicológicamente al liberalismo, pero no es un elemento necesario de su política. Es fácil imaginar una sociedad gobernada por escépticos extremadamente opresivos si, por ejemplo, siguieran con entusiasmo las nociones políticas de Nietzsche. Esto también es válido para las ciencias naturales. Las ciencias naturales tienden a prosperar al máximo en un clima de libertad, a diferencia de lo que en ese sentido sucede con las bellas artes y la literatura; pero no es imposible imaginar una dictadura que se lleve bien con la ciencia. La publicidad y el elevado listón de la evidencia, así como la mentalidad crítica que en condiciones ideales requieren las ciencias naturales pueden hacer pensar de nuevo en la existencia de un vínculo psicológico entre la vida interior de la ciencia y la política liberal. Sin embargo, esto dista mucho de ser, necesaria o siquiera habitualmente, el caso. De hecho, hay muchos científicos intolerantes a conciencia. La alianza entre ciencia y liberalismo fue en un principio de conveniencia, pues ambos tenían mucho que temer de las embestidas de la religión. Una vez en suspenso este enemigo común de la censura y la persecución, la identidad de ambas actitudes tendió a desvanecerse. La ciencia y el liberalismo no nacieron a la vez; la primera es mucho más antigua. Sin embargo, nada puede borrar la principal diferencia existente entre los dos. Las ciencias naturales viven para cambiar, mientras que el liberalismo no tiene que adoptar ninguna visión particular de la tradición.

En la medida en que el pasado europeo fue abiertamente hostil a la libertad y que las tradiciones indoeuropeas más antiguas se basan en la sociedad de castas, los liberales deben rechazar las tradiciones particulares. Ninguna sociedad que todavía conserve rastros de la vieja división tripartita de la humanidad entre quienes rezan, quienes luchan y quienes trabajan puede ser liberal.[5] Sin embargo, volver la espalda a alguna o, incluso, a la mayoría de las tradiciones no significa que debamos renunciar a toda la tradición por honestidad intelectual. El liberalismo no tiene que escoger entre tradiciones que no son hostiles a sus aspiraciones, ni tampoco debe considerar que las afirmaciones de cualquier tradición son intrínsecamente falsas tan solo porque

5. Georges Duby, *The Chivalrous Society*, trad. al inglés de Cynthia Postan, Berkeley, University of California Press, 1977, pp. 81-87.

no cumplen con los criterios científicos de la demostración racional. Todo depende del contenido y las tendencias de la tradición. En Gran Bretaña y en los Estados Unidos, un gobierno claramente representativo está impregnado de tradiciones. Las costumbres del voluntarismo dependen de tradiciones muy viariadas. Son sin duda algo más que meros elementos compatibles con el liberalismo.

La modestia intelectual no supone que el liberalismo del miedo no tenga contenido, tan solo que es un contenido absolutamente no utópico. En ese aspecto, podría muy bien ser lo que Emerson llamaba un partido de la memoria, más que un partido de la esperanza.[6] Y ciertamente hay otros tipos de liberalismo que en este sentido difieren de él de forma muy marcada. En primer lugar, tenemos el liberalismo de los derechos naturales, que busca la satisfacción constante de un orden normativo preestablecido ideal, ya sea de la naturaleza o de Dios, cuyos principios tienen que materializarse en las vidas de los ciudadanos individuales mediante las adecuadas garantías públicas. Es la voluntad de Dios lo que nosotros

6. Ralph Waldo Emerson, «The Conservative», *Essays and Lectures*, ed. de Joel Porte, Nueva York, Library of America, 1983, p. 173 [trad. cast.: *Ensayos*, trad. de Javier Alcoriza, Madrid, Cátedra, 2014].

mismos preservamos, y es obligación nuestra y de la sociedad ocuparnos de que nuestras vidas, nuestras libertades, nuestras propiedades y todo lo relativo a ellas esté protegido. Para ese fin tenemos la obligación de fundar organismos públicos protectores y el derecho a exigir que nos ofrezcan oportunidades de elevar reclamaciones para defender todas y cada una de ellas.

Si nos tomamos en serio los derechos debemos ocuparnos de que principios como los de la *Declaración de Independencia de los Estados Unidos* se hagan efectivos en todos y cada uno de los aspectos de nuestra vida pública. Si los organismos del gobierno tienen una única función principal, esa es la de encargarse de que los derechos de los individuos se hagan realidad, pues así lo requiere nuestra integridad como creaciones de Dios o de la naturaleza. Podríamos sostener que una sociedad perfecta u óptima estaría compuesta en exclusiva por ciudadanos que reclaman sus derechos. Por consiguiente, en todos los casos, el liberalismo de los derechos naturales considera que la política consiste en que los ciudadanos persigan activamente sus fines legalmente garantizados de acuerdo con una ley superior. El paradigma de la política es el tribunal, en el que se dictan sentencias y veredictos para satisfacer el mayor número posible de las demandas interpuestas por ciudadanos individuales contra una u otra institución. El liberalismo de los derechos naturales concibe que una sociedad justa es aquella compuesta por ciudadanos políticamente recios, todos y cada uno de los cuales son capaces de salir en defensa de sí mismos y están dispuestos a hacerlo tanto para sí mismos como para los demás.

Igualmente dado a la esperanza es el liberalismo del desarrollo personal. La libertad, sostiene este, es necesaria para el progreso personal y también social. No podemos extraer lo mejor de nuestras potencialidades a menos que seamos libres de hacerlo. Y la moral es imposible a menos que tengamos la oportunidad de escoger nuestro curso de acción. Tampoco podemos beneficiarnos de la educación a menos que nuestras mentes sean libres de aceptar y rechazar lo que se nos dice, así como de leer y escuchar la máxima variedad posible de opiniones contrapuestas. La moral y el conocimiento solo pueden desarrollarse en una sociedad libre y abierta. Hay toda clase de razones para esperar que las instituciones de enseñanza sustituirán en última instancia a la política y al gobierno. No sería injusto decir que estas dos formas de liberalismo encuentran sus portavoces en John Locke y John Stuart Mill respectivamente, y que, por supuesto, son expresiones auténticamente genuinas de la doctrina liberal. Sin embargo, se debe decir que ninguno de estos dos santos patrones del liberalismo tenía una memoria histórica excesivamente desarrollada; y es sobre esta facultad de la mente humana sobre la que más se apoya el liberalismo del miedo.

En este momento, la memoria más inmediata es la historia del mundo desde 1914. En Europa y en Norteamérica, la tortura fue erradicada poco a poco de las prácticas de gobierno y se esperaba que finalmente fuera erradicada en todas partes. Con la aparición de los servicios de inteligencia y las exigencias de lealtad que en situación de guerra nacional se desarrollaron rápidamente con el estallido de las hostilidades, la tortura regresó y, desde entonces, ha aumentado con fuerza.[7] Decimos «nunca más», pero en algún lugar alguien está siendo torturado en este mismo momento y el miedo desatado ha vuelto a convertirse en la forma más común de control social. A esto se debe añadir, a modo de recordatorio, el horror de la guerra moderna. El liberalismo del miedo es una respuesta a estas realidades innegables y, por tanto, se concentra en el control de los daños.

7. Edward Peters, *Torture*, Oxford, Basil Blackwell, 1985, pp. 103-140 [trad. cast.: *La tortura*, trad. de Néstor Míguez, Madrid, Alianza, 1987].

Dado que es inevitable esa desigualdad de poderío militar, policial y persuasivo que se llama gobierno, siempre hay, evidentemente, mucho que temer. Y, por tanto, cualquier persona podría sentirse menos proclive a celebrar las bendiciones de la libertad que a tener en cuenta los peligros de la tiranía y la guerra que la amenazan. Para este liberalismo, las unidades básicas de la vida política no son las personas discursivas y reflexivas, ni los amigos y los enemigos, ni los ciudadanos-soldados patrióticos, ni los litigantes enérgicos, sino los débiles y los poderosos. Y la libertad que desea garantizar es la libertad frente al abuso de poder y la intimidación de los indefensos a que invita esta última diferenciación. No se debería confundir este recelo con las ideologías obsesivas que se concentran en exclusiva en la noción de totalitarismo. La noción de totalitarismo no es más que una abreviatura para la situación extrema de violencia institucionalizada y casi presupone que no hay que preocuparse en absoluto por cualquier otra cosa que no sea tan radicalmente destructiva.

Por el contrario, el liberalismo del miedo contempla con igual inquietud los abusos de los poderes públicos de todos los regímenes. Se preocupa por los excesos de los organismos oficiales en todos los niveles del gobierno y presupone que estos son capaces de imponer la carga más pesada a los pobres y los débiles. La historia de los pobres, comparada con la de las diferentes élites, lo deja de sobra patente. La presuposición ampliamente justificada por todas y cada una de las páginas de la historia política es que, a menos que se les impida hacerlo, la mayoría de las veces algunos organismos del gobierno se comportarán en mayor o menor medida de manera ilícita y brutal.

El liberalismo inspirado por estas consideraciones sí se asemeja a la libertad negativa de Isaiah Berlin, pero no es exactamente lo mismo. La libertad negativa de Berlin de «no ser obligado», y su posterior versión de «puertas abiertas», se mantiene conceptualmente pura y aislada de «las condiciones de la libertad», es decir, de las instituciones sociales y políticas que hacen posible la libertad individual. Es absolutamente necesario para que la libertad negativa se diferencie por completo de lo que Berlin llama «libertad positiva», que es la libertad de la parte superior de uno mismo con respecto a la inferior. Además, no se puede negar que esta clarísima delimitación de la libertad negativa es el mejor medio para evitar la resbaladiza pendiente que puede llevarnos hasta su amenazador contrario.

Sin embargo, se puede decir muchas cosas para no separar la libertad negativa de las condiciones que son, cuando menos, necesarias para hacerla siquiera posible. Las restricciones impuestas al gobierno y el control de un poder político desigualmente repartido constituyen las condiciones mínimas sin las cuales la libertad es inimaginable en cualquier sociedad políticamente organizada. No es una condición suficiente, pero sí es un requisito necesario. Ninguna puerta está abierta en un orden político en el que prevalezca la intimidación pública y privada; y para evitarla es preciso instaurar un complejo sistema de instituciones. Para que la libertad negativa tenga siquiera alguna relevancia política debe especificar al menos cuáles son algunas de las características institucionales de un régimen relativamente libre. En términos sociales, eso también supone la dispersión del poder entre una pluralidad de grupos políticamente poderosos —en resumen, el pluralismo—, así como la eliminación de las formas y grados de desigualdad social que exponen a las personas a las prácticas opresoras. De lo contrario, las «puertas abiertas» son una metáfora; y, en ese sentido, no se trata de una metáfora muy iluminadora desde el punto de vista político.

Además, no hay ninguna razón particular para aceptar la teoría moral sobre la que descansa la libertad negativa de Berlin. Esta es la creencia en que hay varias morales intrínsecamente incompatibles entre las que debemos elegir, pero que no se pueden reconciliar mediante la referencia a un criterio común, siendo el paganismo y el cristianismo los dos ejemplos más evidentes.[8] Con independencia de la veracidad de esta presuposición metafórica, el liberalismo no puede pasar sin ella. El liberalismo del miedo no descansa en realidad sobre una teoría del pluralismo moral. No ofrece, sin duda, un *summum bonum* por el que todos los agentes políticos deberían luchar, sino que comienza ciertamente por un *summum malum* que todos nosotros conocemos y deberíamos evitar, si pudiéramos. Ese mal es la crueldad y el miedo que despierta, así como el miedo al miedo mismo. En esa medida, el liberalismo del miedo realiza una afirmación universal y particularmente cosmopolita, como ha hecho siempre históricamente.

¿Qué se entiende aquí por crueldad? Es la deliberada imposición de daños físicos —y en consecuencia emocionales— sobre una persona o grupo más débil por parte de otros más fuer-

---

8. Isaiah Berlin, «Introduction» y «Two Concepts of Liberty», en *Four Essays on Liberty*, Oxford, Oxford University Press, 1982, pp. xxxvii-lxiii y 118-172 [trad. cast.: *Cuatro ensayos sobre la libertad*, trad. de Belén Urrutia, Julio Bayón y Natalia Rodríguez Salmones, Madrid, Alianza, 1998].

tes que se proponen alcanzar algún fin, tangible o intangible. No es sadismo, aunque tal vez algunos individuos sádicos se reúnan para ocupar posiciones de poder que les permitan satisfacer sus deseos. Pero la crueldad pública no es una inclinación personal esporádica. La hacen posible las diferencias de poder público y casi siempre se inscribe en el sistema de coerción sobre el que tienen que descansar todos los gobiernos para cumplir con sus funciones esenciales. Todo sistema legislativo lleva implícito un mínimo nivel de miedo, y el liberalismo del miedo no sueña con el final del gobierno público coercitivo. El miedo que pretende impedir es el que generan la arbitrariedad, los actos inesperados, innecesarios y no autorizados de la fuerza y los actos de crueldad y tortura habituales y generalizados llevados a cabo por los agentes militares, paramilitares y policiales de cualquier régimen.

Del miedo se puede decir sin reservas que es universal, por cuanto es fisiológico. Es una reacción tanto mental como física y es común tanto en animales como en seres humanos. Estar vivo significa en muchos casos temer, y por suerte para nosotros, puesto que la alarma suele preservarnos del peligro. El miedo al que tememos es al dolor infligido por otros para matarnos y mutilarnos, no el miedo natural y saludable que nos advierte de un simple dolor evitable. Y, cuando pensamos en términos políticos, tenemos miedo no solo por nosotros mismos, sino también por nuestros conciudadanos. Tememos una sociedad de personas temerosas.

El miedo sistemático es la condición que hace imposible la libertad y viene provocado, como por ninguna otra cosa, por la expectativa de crueldad institucionalizada. Sin embargo, es justo decir que lo que en otro lugar he denominado «poner la crueldad en primer lugar» no es fundamento suficiente para el liberalismo político. Es sencillamente un primer principio, un acto de intuición moral basado en abundantes observaciones, sobre las cuales se construye el liberalismo, en especial en la actualidad. Como el miedo a la crueldad sistemática es tan universal, las afirmaciones morales basadas en su prohibición ejercen un atractivo inmediato y logran recabar reconocimiento sin demasiada argumentación. Pero no podemos descansar sobre esta ni sobre ninguna otra falacia naturalista. Los liberales pueden empezar por la crueldad como mal primario solo si van más allá de su presuposición bien fundada de que casi todo el mundo la teme y la evitaría si pudiera. Si se puede universalizar la prohibición de la crueldad y reconocerla como condición necesaria para la dignidad de las personas, entonces se puede convertir en un principio de moral política. También se podría conseguir preguntando si la prohibición beneficia a la inmensa mayoría de los seres humanos para que satisfagan sus necesidades y deseos conocidos. Los kantianos y algún utilitarista podrían aceptar una de estas pruebas, y el liberalismo no necesita elegir entre ellas.

Lo que el liberalismo requiere es la posibilidad de convertir el mal de la crueldad y el miedo en la norma básica de sus prácticas y prescripciones políticas. La única excepción a la regla de la evitación es la prevención de crueldades mayores. Esa es la razón por la que todo gobierno debe utilizar la amenaza del castigo, aunque el liberalismo lo contemple como un mal inevitable cuyo alcance se debe limitar y modificar por medio de normas de justicia legalmente establecidas, de tal modo que la arbitrariedad no se sume a la cuota de miedo requerido para hacer cumplir la ley. Es evidente que esta formulación tiene alguna deuda con la filosofía de Kant, pero el liberalismo del miedo no descansa sobre su filosofía moral, ni sobre ninguna otra en su totalidad.[9] De hecho, debe mantenerse en el eclecticismo.

9. *Metaphysischen Anfangsgründe der Rechtslehre*, Königsberg, Nicolovius, 1797 [trad. cast.: *Principios metafísicos del derecho*, Sevilla, Espuela de Plata, 2004].

Lo que el liberalismo del miedo debe a Locke también es obvio: que no se puede confiar incondicionalmente en los gobiernos de este mundo por su avasallador poder para matar, mutilar, adoctrinar y hacer la guerra («leones»), y que toda confianza que pudiéramos depositar en sus agentes debe descansar firmemente sobre una profunda desconfianza. Locke no estaba, ni tampoco ninguno de sus herederos, a favor de unos gobiernos débiles que no pudieran estructurar o llevar a cabo las políticas públicas y las decisiones tomadas de conformidad con los requerimientos de la publicidad, la deliberación y la justicia de los procedimientos. Lo que hay que temer es todo acto extrajurídico, secreto y no autorizado por parte de los agentes públicos o sus representantes. E impedir semejante conducta requiere una división y subdivisión constante del poder político. Desde esta perspectiva, la importancia de las asociaciones voluntarias no reside en la satisfacción que sus miembros pueden obtener al unirse a ellas con fines cooperativos, sino su capacidad para convertirse en unidades significativas de poder e influencia social, capaces de controlar o, al menos, alterar las reivindicaciones de otros agentes organizados, tanto voluntarios como gubernamentales.

Evidentemente, y como ya he señalado, la separación entre lo público y lo privado dista mucho de ser invariable aquí, sobre todo si no ignoramos, como el liberalismo del miedo ciertamente tampoco ignora, el poder de unas organizaciones tan esencialmente públicas como las grandes empresas y corporaciones. Por supuesto que estas empresas deben la totalidad de su carácter y su poder a las leyes, y que no son públicas únicamente por su nombre. Considerarlas en los mismos términos que los pequeños comercios es indigno de un discurso social serio. Sin embargo, debemos recordar que las razones por las que calificamos de privada a una propiedad aluden en muchos casos a que se pretende que todo lo referente a la política y a la legislación públicas quede a la discreción de los propietarios individuales y privados, precisamente porque esta es una forma indispensable y excelente de poner límite al largo brazo del gobierno y de dividir el poder social, así como de garantizar la independencia de los individuos. Nada otorga a una persona mayores recursos sociales que el derecho de propiedad legalmente garantizado. No puede ser ilimitado porque es en primera instancia una criatura de la ley, pero también porque sirve a un fin público: la dispersión del poder.

Allá donde se dispone de instrumentos de coerción, ya sea mediante el uso del poder económico —principalmente para contratar, pagar, despedir y fijar precios— o militar en sus diversas manifestaciones, es tarea de una ciudadanía liberal ocuparse de que ni un solo agente oficial o no oficial pueda intimidar a nadie, salvo mediante el uso de los procedimientos legales aceptados y adecuadamente interpretados. Y eso incluso cuando los agentes de la coerción deberían estar siempre a la defensiva y limitarse a ejercer acciones proporcionadas y necesarias que solamente se puedan disculpar como respuesta a amenazas de crueldad y miedo más graves por parte de delincuentes privados.

Podría muy bien parecer que el liberalismo del miedo es radicalmente consecuencialista porque se concentra en evitar males predecibles. Ese es el caso si se entiende como guía para las prácticas políticas, pero debe evitar toda tendencia a ofrecer instrucciones éticas en general. No es asunto de ninguna forma de liberalismo decir a la ciudadanía que persiga la felicidad, ni siquiera definir esa condición, que es, desde todo punto, esquiva. Nos corresponde a cada uno de nosotros buscarla o rechazarla en virtud del deber, la salvación o la pasividad, por ejemplo. El liberalismo debe limitarse a la política y a formular propuestas para contener a quienes potencialmente puedan abusar del poder, para así aliviar la carga de miedo y favoritismo de los hombros de mujeres y hombres adultos, que entonces pueden conducir sus vidas de acuerdo con sus propias creencias y preferencias, siempre que no impidan a los demás hacerlo también.

Hay varias objeciones bien conocidas al liberalismo del miedo. Se lo calificará de «reduccionista» porque se basa primera y principalmente en el sufrimiento físico y en los miedos de los seres humanos ordinarios, en lugar de basarse en aspiraciones morales o ideológicas. El liberalismo no sume la política en la administración, la economía o la psicología, de modo que no es reduccionista en este sentido. Pero como se basa en experiencias comunes y corrientes e inmediatas, ofende a quienes identifican la política con las aspiraciones más nobles de la humanidad. Lo que haya de considerarse noble es, sin duda, muy discutible.

Calificar al liberalismo del miedo de estrechez de miras comporta que las emociones son inferiores a las ideas y, sobre todo, a las causas políticas. Perseguir ambiciones ideológicas o arriesgar la vida por una «causa» puede ser noble, pero no es noble en absoluto matar a otro ser humano en aras de «causas» personales. Por espirituales que puedan ser, las «causas» no se justifican a sí mismas y no todas son igualmente edificantes. E incluso las más atractivas no son para él más que instrumentos de tortura o excusas cobardes cuando se imponen a los demás mediante amenazas o sobornos. Produciríamos mucho menos daño si aprendiéramos a aceptarnos mutuamente como seres sintientes, lo que quiera que esto sea, y a comprender que el bienestar físico y la tolerancia no son simplemente inferiores a los demás objetivos que cada uno de nosotros pueda optar por perseguir.

No hay absolutamente nada elevado en la muerte, ni en morir. Aun cuando fuera el caso, no es tarea de la autoridad pública fomentar, promover, ni imponer ambas cosas, como siguen haciendo. El sacrificio puede provocar nuestra admiración, pero no es, por definición, una obligación política, sino un acto de supererogación que cae fuera del ámbito de la política. La construcción de un orden político sobre la evitación del miedo y la crueldad no tiene nada de «reduccionista», a menos que se empiece por el desprecio por la experiencia física. Además, las consecuencias de la espiritualidad política son mucho menos enriquecedoras de lo que parecería. Políticamente ha servido a menudo como excusa para desencadenar orgías de destrucción. ¿Es preciso recordar a alguien aquel grito plenamente ennoblecedor de «¡Viva la muerte!»[*] y el régimen a que dio lugar?

Una objeción conexa al liberalismo del miedo es que reemplaza la razón humana genuina por la «racionalidad instrumental».[10] El significado de la primera suele quedar poco claro, pero por lo general no es una versión del idealismo platónico. «Racionalidad instrumental» se refiere a las prácticas políticas que buscan solo la eficiencia o la ponderación de medios y fines, sin cuestionar en modo alguno la racionalidad u otros posibles méritos de sus objetivos o resultados. Como el liberalismo del miedo tiene unos fines muy claros —la disminución del miedo y de la crueldad—, ese tipo de argumento parece ser bastante irrelevante.

Más reveladora es la idea de que el «razonamiento instrumental» deposita toda su confianza en los procedimientos, sin prestar la atención adecuada a la racionalidad de la conducta y al discurso de quienes participan en ellos y los siguen. Confía en los mecanismos de creación de con-

---

[*] Esta expresión está en castellano en el original. *(N. del T.)*

10. Para consultar la mejor versión de la noción de racionalidad instrumental y sus implicaciones, véase Seyla Behabib, *Critique, Norm and Utopia*, Nueva York, Columbia University Press, 1986.

sentimiento y garantía de imparcialidad sin prestar atención alguna al carácter de los ciudadanos individuales o al de la sociedad en su conjunto. Aunque un sistema político pluralista regido por el gobierno de la ley diera como resultado una sociedad libre y relativamente pacífica, no sería auténticamente racional, ni en absoluto ético, a menos que también educara a sus ciudadanos en un nivel genuino de comprensión política y, con ello, les otorgara la capacidad de ser los amos de su vida colectiva. Se supone que esto es «sustancialmente» racional en un sentido en que no lo es el liberalismo del miedo, con su atención a los procedimientos y a los resultados. Pero, en realidad, el argumento no versa siquiera sobre la racionalidad, sino sobre las expectativas de cambio social radical y de aspiraciones utópicas. La acusación de «instrumentalidad», si es que significa algo, equivale a desdeñar a quienes no quieren pagar el precio de aventuras utópicas, y menos aún de las inventadas por otros. Se niega a asumir riesgos a costa de los demás en la búsqueda de cualquier ideal, por racional que sea.

No se puede negar que las experiencias de la política según los procedimientos imparciales y el gobierno de la ley educan indirectamente a los ciudadanos, aunque no sea ese su propósito público, que es netamente político. Los hábitos

de la paciencia, la contención, el respeto a las reivindicaciones de los demás y la prudencia constituyen formas de disciplina social que solamente son compatibles en su totalidad con la libertad
individual, pero fomentan rasgos social y personalmente valiosos.[11] Debemos subrayar que esto
no implica que el Estado liberal pueda tener alguna vez un gobierno educativo que apunte a la
creación de tipos de carácter específicos e imponga sus propias creencias. Nunca puede tener
intención didáctica de ese modo exclusivo e intrínsecamente autoritario. Como hemos visto, el
liberalismo dio sus primeros pasos precisamente
con el fin de oponerse al Estado educativo. Sin
embargo, ningún sistema de gobierno, ningún
sistema de procedimientos legales, y ningún sistema de educación pública carece de efectos psicológicos, y el liberalismo no tiene motivo alguno
para disculparse por las tendencias y costumbres
que probablemente fomenten la justicia procedimental y el gobierno responsable.

Si los ciudadanos deben actuar individualmente y a través de asociaciones, en especial en
una democracia, para protestar y cerrar el paso a
cualquier indicio de ilegalidad y abuso guberna

11. George Kateb, «Remarks on the Procedures of Constitutional Democracy», *Nomos 20, Constitutionalism* (1979), ed. de
J. Roland Pennock y John Chapman, pp. 215-237.

mental, deben tener su parte alícuota de valentía moral, independencia y tenacidad para afirmarse de forma efectiva. En una sociedad liberal, el objetivo de todos los esfuerzos realizados para educar a los ciudadanos debe ser promover adultos bien informados y con autonomía. Hay una explicación muy clara del aspecto que tendría más o menos un liberal perfecto. Se puede encontrar en la «Introducción a la doctrina de la virtud» de Kant,* que nos ofrece una versión detallada de cuál es la disposición de una persona que respeta a los demás sin desdén, arrogancia, humildad, ni miedo. Esa persona no insulta a los demás con mentiras ni crueldad, unos elementos que dañan el propio carácter y, en no menor medida, lesionan a sus víctimas. El éxito de la política liberal depende de los esfuerzos de estas personas, pero no es tarea de la política liberal fomentarlas simplemente como modelos de perfección humana. Lo único que puede afirmar es que si queremos promover la libertad política, entonces esta es la conducta adecuada.

Después se argumenta con frecuencia que esta prescripción liberal para la ciudadanía es

---

* En *La metafísica de las costumbres*, trad. de Adela Cortina Orts y Jesús Conill Sancho, Madrid, Tecnos, 2005 [original: «Metaphysischen Anfangsgründe der Tugendlehre», en *Die Metaphysik der Sitten* (1797)]. *(N. del T.)*

una concepción al mismo tiempo muy ahistórica y etnocéntrica que formula afirmaciones de universalidad bastante injustificadas. Después de todo, es inevitable que surgiera en un determinado momento y lugar, pero los relativistas arguyen ahora que el liberalismo del miedo no sería bien acogido por la mayoría de quienes viven según sus costumbres tradicionales, aunque estas sean tan crueles y opresivas como el sistema de castas de la India.[12] Se dice que juzgar unas costumbres heredadas con criterios que pretenden ser generales, aunque sean ajenos a un pueblo, es una imposición arrogante de principios falsos, además de parciales. Porque no existe ninguna prohibición o norma social generalmente válida y la tarea del crítico social es, como máximo, articular socialmente valores inmanentes. Todo esto no es en modo alguno evidente, como nos harían creer los relativistas defensores de las costumbres locales.

A menos que podamos ofrecer a las víctimas heridas e insultadas de la mayoría de los gobiernos del mundo, tanto tradicionales como revolucionarios, una alternativa genuina y viable a su situación actual, y hasta que seamos capaces

12. Michael L. Walzer, *Spheres of Justice*, Nueva York, Basic Books, 1983, pp. 26-28 y 312-316 [trad. cast.: *Las esferas de la justicia: una defensa del pluralismo y la igualdad*, México, FCE, 2015].

de hacerlo, no tenemos forma de saber si realmente disfrutan de sus cadenas. Hay muy pocas pruebas de que así sea. A los chinos, en realidad, no les gustaba más que a nosotros el mandato de Mao, a pesar de la distancia política y cultural que nos separa. El relativismo absoluto, no meramente cultural, sino psicológico, que rechaza el liberalismo del miedo tanto porque es demasiado «occidental» como por ser demasiado abstracto es en exceso complaciente y está demasiado dispuesto a olvidar los horrores de nuestro mundo como para ser creíble. Es profundamente antiliberal no solamente por su sometimiento a la tradición como ideal, sino por su identificación dogmática de toda práctica local con aspiraciones humanas locales profundas y compartidas. Salirse de estas costumbres no es, como afirman los relativistas, particularmente insolente y entrometido. Solamente el reto formulado desde ninguna parte y las afirmaciones de humanidad universal y con tinte de argumentación racional en términos generales pueden ser sometidos a la prueba del escrutinio general y la crítica pública.[13]

13. Para el panorama filosófico desde esa no-posición, véase Thomas Nagel, *The View from Nowhere*, Oxford, Oxford University Press, 1986 [trad. cast.: *Una visión de ningún lugar*, trad. de Jorge Issa González, México, FCE, 1996].

Nunca se pueden analizar o evaluar honestamente las prácticas tácitas y santificadas que prevalecen en el interior de todas y cada una de las fronteras tribales porque, por definición, están ya asentadas de forma permanente en el seno de la conciencia comunitaria. A menos que haya una revisión pública y abierta de todas las alternativas prácticas, especialmente de las nuevas y las ajenas, no puede haber ninguna elección responsable y ningún modo de controlar a las autoridades que afirman ser la voz del pueblo y su espíritu. La arrogancia del profeta y el bardo que proclaman normas arraigadas es mucho mayor que la de cualquier deontólogo; porque ellos afirman no solamente revelar un alma popular oculta, sino hacerlo de un modo que no está sometido a una revisión extratribal. Tampoco carecemos de ejemplos históricos de que como consecuencia de estas afirmaciones de primacía hermenéutica podrían darse orgías de xenofobia. La historia del nacionalismo no es muy alentadora. Pero, aun en el mejor de los casos, el relativismo étnico puede decir muy poco sobre el miedo y la crueldad, salvo que son lugares comunes en todas partes.[14] La gue-

14. Esta es una respuesta crítica a Michael Walzer, «The Moral Standing of States», en Charles R. Beitz *et al.* (eds.), *International Ethics: A Philosophy and Public Affairs Reader*, Prince-

rra también ha existido siempre, aunque quizá no con sus actuales posibilidades nucleares. ¿Debemos defenderla sobre ese fundamento? En realidad, la prueba más fiable de que se debe superar la crueldad en cualquier lugar y época es la de preguntar por ella a las víctimas más probables, a las personas menos poderosas, en cualquier momento y bajo condiciones controladas. Mientras no se haga eso, no hay ninguna razón para suponer que el liberalismo del miedo tiene algo que ofrecer a las víctimas de la tiranía política.

Deberíamos recordar estas consideraciones especialmente ahora, cuando el liberalismo del miedo es vulnerable también a la acusación de carecer de una adecuada teoría de «el yo». La probabilidad de que haya yoes ampliamente divergentes es obviamente una de las presuposiciones básicas de cualquier doctrina liberal. Por fines políticos, el liberalismo no tiene que dar por supuesto nada acerca de la naturaleza humana, excepto que las personas, aparte de tener una estructura física y psicológica similar, difieren en su personalidad en alto grado. A nivel superficial debemos dar por sentado que habrá quienes sufran la carga de las tradiciones colec-

ton, Princeton University Press, 1985, pp. 217-238.

tivas que estiman, mientras que otros quizá solo busquen cómo huir de sus orígenes sociales y sus afiliaciones. Al igual que la mayoría de los rasgos adquiridos, estos aspectos socialmente muy importantes de la experiencia humana son extremadamente diversos y están sujetos a infinidad de cambios. El aprendizaje social constituye una gran parte de nuestro carácter, aunque la suma de todos los papeles sociales que desempeñamos quizá no arroje como resultado un «yo» completo. Lo que importa en términos políticos no es este «yo» irreductible de la peculiar personalidad que adquirimos en el curso de nuestra educación, sino solo el hecho de que esos muchos «yoes» diferentes deberían ser libres de interactuar políticamente.

Ofrezco ahora a los teóricos políticos estadounidenses que anhelan la existencia de una personalidad más comunitaria o de un individualismo más expansivo un recordatorio de que estas son las preocupaciones de una sociedad liberal excepcionalmente privilegiada, y que estos anhelos ni siquiera pueden surgir hasta que no estén listas las instituciones de la libertad primordial. De hecho, la medida en la que tanto el más comunitario como el más romántico dan por supuestas las instituciones públicas gratuitas es un tributo a los Estados Unidos, pero no al sentido que tienen de la historia.[15] Una parte demasiado importante de la experiencia política pasada y presente queda desatendida cuando ignoramos los informes anuales de Amnistía Internacional y de la guerra contemporánea. La marca distintiva del liberalismo solía ser el cosmopolitismo y la defensa de que un insulto a la vida y a la libertad de un miembro de cualquier raza o grupo en cualquier parte del mundo era motivo de genuina preocupación. Puede ser una repulsiva paradoja que el éxito mismo del liberalismo en algunos países haya atrofiado la empatía política de sus ciudadanos. Ese parece ser uno de los costes de dar por supuesta la libertad, pero podría no ser el único.

El liberalismo no tiene que entregarse a especulaciones acerca de cuáles pueden ser las potencialidades de uno u otro «yo», pero si pretende actuar aquí y ahora para evitar peligros conocidos y reales sí debe tener en cuenta las condiciones políticas reales bajo las cuales viven las personas. La preocupación por la libertad hu-

15. Para el liberalismo romántico, véase Nancy L. Rosenblum, *Another Liberalism*, Cambridge (MA), Harvard University Press, 1987, y para el comunitarismo, véase Michael J. Sandel, *Liberalism and the Limits of Justice*, Cambridge, Cambridge University Press, 1982 [trad. cast.: *El liberalismo y los límites de la justicia*, trad. de María Luz Melon, Barcelona, Gedisa, 2013].

mana no puede acabarse con las satisfacciones que nos proporciona nuestra propia sociedad o clan. Por tanto, debemos desconfiar de las ideologías de la solidaridad, precisamente por lo atractivas que son para aquellos para quienes el liberalismo resulta emocionalmente insatisfactorio y que en nuestro siglo han continuado creando regímenes opresivos y crueles de un espanto sin parangón. La presunción de que esas ideologías ofrecen algo saludable al ciudadano atomizado puede ser cierta o no, pero a juzgar por los datos históricos, las consecuencias políticas no dejan lugar a mucha duda. Buscar el desarrollo emocional y personal en el seno de una comunidad o en la expresión personal romántica es una opción abierta a los ciudadanos en las sociedades liberales. Sin embargo, ambos son impulsos apolíticos y por completo egoístas que, en el mejor de los casos, nos distraen de la principal tarea de la política cuando son presentados como doctrinas políticas y, en el peor, pueden, bajo circunstancias desafortunadas, lesionar gravemente las prácticas liberales. Pues aunque ambos parecen circunscribirse a volver a trazar los límites entre lo privado y lo público, que es una práctica política absolutamente normal, no se puede decir que ninguno de ellos tenga una idea seria de las implicaciones de las transformaciones propuestas en cada una de las direcciones.[16]

Podría parecer perfectamente que el liberalismo del miedo está muy cerca del anarquismo. No es verdad, pues los liberales siempre han sido conscientes del grado de coerción informal y de las presiones sociales y educativas que hasta los teóricos más ardientes del anarquismo han sugerido como sustitutos aceptables de la ley.[17] Es más, aunque las teorías del anarquismo tuvieran menos puntos débiles, la realidad de los países en los que la ley y el gobierno han quebrado no es alentadora. ¿Quiere alguien vivir en Beirut? El primer principio original del liberalismo, el gobierno de la ley, sigue absolutamente intacto y no es una doctrina anarquista. No hay ninguna razón en absoluto para abandonarlo. Es el instrumento fundamental para contener gobiernos. Las potencialidades de la opresión han seguido el ritmo de los avances tecnológicos; tenemos que temer los instrumentos de tortura y de la opresión más que nunca. La mitad de la Carta de Derechos de los Estados Unidos trata

16. Charles Taylor, «The Nature and Scope of Distributive Justice», en Frank S. Lucash (ed.), *Justice and Equality Here and Now*, Ithaca (NY), Cornell University Press, 1986, pp. 34-67.

17. Alan Ritter, *Anarchism*, Cambridge, Cambridge University Press, 1980.

sobre los juicios justos y la protección del acusado en juicios penales, ya que es ante un tribunal donde el ciudadano se encuentra con el poder del Estado, y no se trata de una disputa entre iguales. Sin unos procedimientos bien definidos, unos jueces honrados y oportunidades de recibir asistencia letrada y de poder recurrir, nadie tiene ninguna posibilidad. Tampoco deberíamos permitir que se criminalizaran más actos de los necesarios para nuestra mutua seguridad. Por último, nada habla mejor a favor de un Estado liberal que los esfuerzos legales por compensar a las víctimas de los delitos, en lugar de limitarse a castigar al delincuente por haber infringido la ley, ya que primera y principalmente sí lesionó, aterrorizó y abusó de un ser humano.

Es en este punto donde el liberalismo del miedo adopta una defensa contundente de la igualdad de derechos y de su protección legal. No puede basarse en la noción de derechos como algo fundamental y dado, pero sí verlos justamente como esas licencias y capacidades con las que los ciudadanos deben contar para preservar su libertad y protegerse frente a los abusos. Las instituciones de un orden plural con múltiples centros de poder y derechos institucionalizados son una mera descripción de una sociedad política liberal. La sociedad también es necesariamente una sociedad democrática, ya que sin la suficiente igualdad de poder para proteger y afirmar nuestros derechos la libertad no es sino una esperanza. Sin las instituciones de la democracia representativa y una judicatura asequible, justa e independiente, abierta a la presentación de recursos, y en ausencia de una multiplicidad de grupos políticamente activos, el liberalismo está en peligro. La finalidad global del liberalismo del miedo es impedir ese desenlace. Por tanto, es justo decir que el liberalismo está casado monogámica, fiel y permanentemente con la democracia; pero es un matrimonio de conveniencia.

Para explicar la necesidad de la libertad en general no bastan las referencias a instituciones e ideologías particulares. Debemos poner primero la crueldad y entender el miedo al miedo y reconocerlos en todas partes. El «castigo» descontrolado y la negación de los medios de supervivencia más elementales por parte de los gobiernos, cerca y lejos de nosotros, deberían llevarnos a examinar con atención crítica las prácticas de todos los agentes de todos los gobiernos y las amenazas de guerra aquí y en todas partes.

Si parece que hablo como Cesare Beccaria, o como algún refugiado venido del siglo XVIII, puede ser perfectamente porque haya leído el tipo de informes que ellos leyeron acerca de las formas de actuar de los gobiernos. Bastan las noticias internacionales que publica *The New York Times*, como también sus relatos de la prevalencia del racismo, la xenofobia y la brutalidad sistemática de los gobiernos, aquí y en todas partes. No puedo comprender cómo algún teórico político o ciudadano políticamente alerta puede ignorarlas y no logra protestar contra ellas. Cuando lo hacemos, hemos avanzado hacia el liberalismo del miedo y nos hemos alejado de las formas más estimulantes, pero menos urgentes, del pensamiento liberal.